AF358160

17 Décembre 1883.

VENTE APRÈS DÉCÈS

Par suite d'Acceptation bénéficiaire

OBJETS DE LA CHINE

ET DU JAPON

INTÉRESSANTE COLLECTION DE FLACONS A TABAC

Porcelaines anciennes de la Chine
Pièces d'échantillon
Laques du Japon, Bronzes, Cloisonnés
Objets divers

MOBILIER MODERNE

SALON, SALLE A MANGER, CHAMBRE A COUCHER, LITERIE
RIDEAUX, TAPIS, ETC.

TABLEAUX

HOTEL DROUOT, SALLE N° 5

Les Lundi 17, Mardi 18 et Mercredi 19 Décembre

A DEUX HEURES

Par le ministère de **M⁰ Félix ALBINET**, Commissaire-Priseur,
rue de Maubeuge, 84,

Assisté de **MM. Ch. GEORGE** et **B. LASQUIN**, Experts.
rue Laffitte, 12.

Chez lesquels se trouve le présent Catalogue.

EXPOSITION PUBLIQUE

Le Dimanche 16 Décembre 1883, de 1 heure 1/2 à 5 heures.

PARIS — 1883

CONDITIONS DE LA VENTE

Elle sera faite au comptant.

Les Acquéreurs paieront cinq pour cent, en sus des enchères.

L'Exposition mettant le Public à même de se rendre compte de l'état des Objets, il ne sera admis aucune réclamation une fois l'adjudication prononcée.

DESIGNATION

COLLECTION DE FLACONS A TABAC

1 — Flacon, de forme aplatie, en biscuit, décoré
de deux bas-reliefs (Scènes champêtres).

2 — Piriforme, émail jaunâtre, décoré du dragon
à cinq griffes en relief. Marque.

3 — Lenticulaire, décoré d'iris, sur fond blanc.

4 — Formé d'un éléphant couché, portant un
vase, décor en émaux de couleurs. Kien-
Long.

5 — Forme balustre, en blanc de Chine, à branchages et fleurettes en relief. Socle en
bois.

6 — A quatre pans, à sujets de personnages en
bleu, dans des médaillons sur fond caillouté.

7 — Ovoïde, jaune moutarde, craquelé.

8 — Ovoïde, jaune moutarde, craquelé.

9 — Forme rouleau, jaune moutarde.

10 — Ovoïde, rose poudré.

11 — Lenticulaire, à panse décorée de cadrans de
montres.

12 — Forme gourde, émail sur biscuit craquelé
gris clair.

13 — Balustre, même décor.

14 — Forme boîte à thé, décor à personnages, à
l'encre de Chine sur fond blanc.

15 — Cylindrique, dragon impérial, rose et bleu
sur fond blanc.

16 — Ovoïde aplatie, décor de médaillons à kiosques et arbustes, sur fond galuchat.

17 — Lenticulaire aplatie, décor à papillons et
fruits sur fond bleu, avec marque. Socle
en bois.

18 — Même forme, décor de deux petits médaillons ronds, à personnages sur fond noir,
à rinceaux verts. Avec marque.

19 — Ovoïde aplatie, décor de vases et attributs
en couleurs et en relief sur fond blanc
gravé de grecques. Marque.

20 — Forme potiche, flambé violet.

21 — Ovoïde allongée, décor en relief et ajouré,
à dragon et Fo-hong.

22 — Cylindrique, *nuance fraise écrasée.*

23 — Forme bouteille, même nuance.

24 — Ovoïde aplatie, à décor ajouré, à poissons
et branchages rouge corail.

25 — Lenticulaire, décor imitant la peau du ser-
pent.

26 — Ovoïde aplatie, décor ajouré, à poissons et
branchages en couleurs et en rouge.
Marque.

27 — Cylindrique, décor à animaux chimériques
en émail blanc gravée sous couverte.

28 — Formé en deux carpes céladon vert d'eau.

29 — Ovoïde, vert camélia craquelé.

30 — Sphérique à col, bleu turquoise truité.

31 — Même forme, violet flambé. Socle.

32 — Ovoïde tronquée, décor violet à côtes simu-
lées en violet.

33 — Forme potiche, émail imitant le bronze,
avec filet bleu en relief.

34 — Forme rouleau, fond rouge corail, à branchages en couleurs.

35 — Forme bouteille, à fond jaune impérial, à
deux anses, mascarons et deux cachets
en relief.

36 — Ovoïde aplatie à col, fond jaune impérial,
décoré d'une figure et d'arbustes en bistre.

37 — Forme analogue, même décor

38 — Ovoïde, fond blanc soufflé rouge.

39 — Cylindrique, fond turquoise, décoré d'arbustes en violet.

40 — Carrée, blanc de Chine. Pied en bois.

41 — Balustre, décor à dragon bleu sur fond
haricot.

42 — Forme aplatie contournée, à deux anses,
décor en relief bleu turquoise.

43 — Forme bouteille à pans, fond jaune, frises
de feuillages et de grecques émaillées
vert.

44 — Forme bouteille à long col, fond vert à
branche d'aubépine gravée sous couverte.

45 — Forme bouteille, décor en bleu, personnages et paysages. Marque au dragon.

46 — Ovoïde aplatie, fond rouge d'or uni.

47 — Forme bouteille à long col, à rinceaux et
ornements en noir sous émail vert.

48 — Carrée, à grecques en relief, émail turquoise.

49 — Ovoïde aplatie, ornementations en relief,
chiens de Fo dorés sur fond lapis.

50 — Lenticulaire à col, fond jaune, à fruits et
papillons en relief émaillés vert.

51 — Ovoïde, fleurs et rinceaux en rouge de fer
sur fond blanc.

52 — Forme gourde, oiseaux et fleurs sur fond
bleu d'azur quadrillé.

53 — Forme allongée, blanc de Chine, décor
ajouré à dragons et flammes.

54 — Forme rouleau, décor bleu, sujet familier.

55 — Forme bouteille à double paroi, ornements en relief, fond vert uni.

56 — Forme bouteille, fond bleu d'empois, décor
à dragon brun.

57 — Ovoïde, décor de fruits du grenadier en
bleu sur fond blanc.

58 — Formé d'un magot.

59 — Formé d'un magot.

60 — Forme cylindrique, marbré de nuances in-
tenses.

61 — Flacon cotelé, à jeux d'enfants en bleu sur
blanc.

62 — Forme ovoïde allongée, décor en relief
chiens de Fo, sur les flots, en émaux de
couleurs.

63 — Forme de fruit, fond ocre pointillé.

64 — Forme gourde aplatie, à deux anses céladon vert d'eau.

65 — Forme rouleau, décor de personnages en
brun sur fond marbré.

66-165 — 100 Flacons à tabac, de formes et de
décors variés.

PORCELAINES DE CHINE

166 — Petit Vase balustre, turquoise truité, socle en bois de fer.

167 — Petit Vase balustre quadrilobé, à deux anses (Têtes de chimères) bleu turquoise.

168 — Vase ovoïde allongé en blanc de Chine, gaufré en relief.

169 — Vase cotelé, fouetté bleu et rouge.

170 — Bouteille céladon violacé.

171 — Bouteille à col renflé, céladon violacé.

172 — Petite Bouteille à long col.

173 — Petit Vase balustre, mi-partie vert d'eau et décor bleu.

174 — Petit Cornet carré, céladon olive.

175 — Boîte de toilette, paysage en noir sur fond vert.

176 — Grand Vase carré en vieux Chine de la famille verte, décoré d'oiseaux, papillons, grosses fleurs et feuillages. Belle qualité.

177 — Grand Cornet à panse renflée; décor à arbustes en bleu sur fond blanc vieux Chine.

178 — Bouteille, à panse sphérique et à long col, décorée de chiens de Fo en rouge et bleu.

179 — Grand Cornet à bourrelet céladon gaufré vert d'eau, à médaillons réservés décorés de paysages en bleu.

180 — Vase, à panse ovoïde et à col étroit, décoré de dragons en rouge sur les flots, simulés par des traits bleus.

181 — Vase à panse ovoïde et à large col, fond bleu, décoré d'oiseaux et de branchages en relief.

182 — Vase en vieux Chine de la famille verte, décoré de figures dans des kiosques.

183 — Vase, de même forme, en bleu lapis fouetté, à rehauts d'or.

184 — Jardinière demi-sphérique; décor en transparence dans la pâte dit grain de riz, et lambrequins bleus.

185-186 — Deux Bols de même décor.

187 — Un Bol, décoré de dragons à cinq griffes, en vert sur fond jaune.

188 — Porte-Bouquet formé de quatre flacons accolés, jaune citron; socle en bois.

189 — Autre Porte-Bouquet, de même forme, en vert d'eau.

190 — Veilleuse carrée adhérente au socle, en émaux de couleurs sur biscuit.

191 — Deux Cages à grillons sphériques fond vert, à médaillons.

192 — Flacon, forme gourde, à trois goulots fond marbré vert et jaune.

193 — Autre Flacon, de même forme, bleu lapis.

194 — Autre Flacon, plus petit, bleu d'eau soufflé.

195 — Petit Plateau, à bord contourné, en jaune impérial; socle en bois.

196 — Deux petites Coupes libatoires, à une anse, à dragons en relief.

197 — Vase balustre; décor en relief blanc de Chine.

198 — Pitong à paysages et figures en relief blanc de Chine.

199 — Deux Coupes, sans anse, céladon turquoise truité.

200 — Pot à gingembre, décoré de lambrequins et de vols de grues en émaux verts.

201 — Pitong; décor dit grains de riz en transparence dans la pâte.

202 — Pitong à dragons figurés par des traits réservés en blanc dans l'émail sur fond bleu.

203 — Pitong rouge corail et or, à médaillons de personnages (Kien-Long).

204 — Pitong, rochers fleuris et oiseaux en émaux verts.

205 — Vase surbaissé, à large col, en porcelaine craquelée, à zônes d'ornements bleus.

206 — Cage à grillons sphériques, ajourée et dorée, avec médaillons à fleurs.

207 — Brûle-Parfums à trois pieds, à deux anses, en poterie de Satzuma.

208 — Vase à panse ovoïde bleu lapis, à rehauts d'or.

209 — Vase balustre carré, fond vert d'eau marbré de brun; socle.

210 — Vase balustre vert craquelé.
211 — Grue sacrée sur une feuille de lotus.
212 — Coupe en forme de feuille, en bleu d'empois.
213 — Coupe nautile en bleu turquoise.
214 — Coupe coquille décorée au naturel.
215 — Flacon à thé, à nuances fondues.
216 — Petit Vase (Fleur de lotus).
217 — Plat creux, à dragons en brun sur fond vert.
218 — Quatre Assiettes; décor à oiseaux et branchages, avec bordure en émaux verts.
219 — Encrier fond jaune impérial et attributs.
220 — Petite Coupe à piédouche, à rinceaux verts sur fond noir.
221-222 — Deux Sous-Tasses céladon turquoise truité.
223 — Carreau hexagonal, à personnages en émaux verts.
224 — Jardinière carrée vert olive.
225-233 — Soucoupes et Plateaux de diverses formes et de décors variés.
234 — Beurrier à médaillons réservés sur fond bleu, fracturé.
235 — Poussah accroupi en terre cuite.
236 — Figurine grotesque en Satzuma.
237 — Magot debout, décoré en émaux vert et rouge.
238-239 — Deux Théières en porcelaine.
240-241 — Deux Théières en Boccaro.
242 — Vase vert marbré, à deux médaillons, fêlé.
243 — Vase graine de lin.
244 — Vase balustre, couleur bronze aventuriné.
245-247 — Trois Vases craquelés.
248 — Petit Brasero céladon vert foncé truité.
249 — Coupe, forme coquillage craquelé; socle en bois.
250-252 — Trois Vases de formes et de nuances variées.
253-255 — Trois petites Jardinières carrées, une décorée de figures.
256-257 — Deux petits Brûle-Parfums, un vert uni.
258-259 — Deux Coupes vert camélia, sur trois petits pieds.

260 — Deux Coupes surbaissées, craquelées.
261-269 — Neuf pièces diverses : Crapaud, Coupes en forme de fruits, Rocher, Figurine, etc.
270-285 — Dix-sept petites pièces diverses : Coupes, Pi-tongs, Vase-Applique, Porte-Pinceaux, etc.
286 — Bouteille à long col, à dragons verts sur fond jaune impérial.
287 — Bouteille bleu soufflé.
288 — Bouteille rouge haricot.
289 — Bouteille gros bleu.
290 — Bouteille bleu turquoise truité.
291 — Bouteille soufflé vert.
292 — Bouteille à rosace en bleu sur blanc.
293-309 — Dix-sept Bouteilles de formes, de décors et de nuances variées.
310 — Dragon en relief émaillé bleu, reposant sur une feuille verte; socle en bois.
311 — Une paire de Vases en Satzuma.
312 — Vase-Applique en forme de poisson, couleur turquoise.
313 — Paire de Vases-Appliques en forme de gourde, fond bleu d'eau.
314 — Une autre paire de Vases, fond vert, à médaillon.
315 — Grand Vase balustre en vieux Chine, à arbustes en vert sur fond noir, fracturé.
316 — Pi-tong carré en blanc de Chine ajouré.
317 — Chien de Fo, sur piédestal carré, en blanc de Chine.
318 — Tasse, forme de feuille, avec crabe à l'intérieur, en blanc de Chine.
319-320 — Canard et Singe en blanc de Chine.
321 — Vase sphérique à nuances fondues.
322 — Encrier carré en bleu turquoise, avec dragon noir en relief.
323 — Autre Encrier, à fond jaune.
324 — Vase-Applique balustre, à mascarons et feuillages en relief fond vert.
325 — Chien couché, fond jaune tacheté de noir.
326-334 — Neuf petites pièces : Coupes et Vases, de formes variées.
335 — Grand et beau Vase ovoïde céladon turquoise truité; socle et écrin.

336 — Potiche en Japon, médaillons à fleurs sur fond bleu semé de fleurs.

337 — Jolie Coupe, en forme de feuille, en biscuit émaillé vert extérieurement.

338 — Paire de petits Cornets à renflement, décorés de feuillages en vert foncé sur fond vert clair.

339 — Vase losange, à quatre pans violet flambé.

340 — Vase, forme gourde, à paroi ajourée et émaux de couleurs, Kien-Long.

341 — Vase cylindrique, à oiseaux et branchages en relief sur fond noir.

342 — Grande Bouteille, fond blanc marbré en couleurs.

343 — Vase balustre quadrilobé, fond rose caillouté.

344 — Vase bursaire, à deux anses, têtes de cerfs, fond brun bronzé.

345 — Vase balustre céladon fleuri.

346 — Bouteille-Gargoulette en vieux Chine, à semis de fleurs, arbustes et papillons en émaux verts sur fond blanc.

347 — Plat rond, de même décor.

348 — Grand Plat creux à fond vert, à dragons jaunes.

349 — Plat rond, fond jaune gravé, sous couverte.

350 — Plat vert à dragons bruns.

351 — Plat en Chine, à fleurs émaillées.

352 — Compotier à fleurs et bordure quadrillée.

353 — Coupe plate céladon gaufré et bordure à jour.

354 — Potiche en vieux Chine, décorée en émaux de la famille verte : jeunes Femmes, Objets mobiliers et Paysages ; au col, frise de jeux d'enfants.

355 — Bouteille fond brun marbré, à deux anses chimères.

356 — Vase balustre rouge de cuivre flambé.

357 — Vase balustre haricot fouetté.

358 — Vase bleu turquoise gravé, à anses chimères et socle adhérent émaillé noir.

359 — Deux Potiches céladon fleuri.

360 — Bouteille en blanc de Chine gaufré.

361-365 — Cinq Bouteilles variées de nuances et de différentes grandeurs.

366 — Vase forme gourde, fond rouge à fleurs bleues.
367-368 — Deux petits Vases carrés céladon.
369 — Petite Potiche décorée de paysages en émaux roses.
370-372 — Trois Pitongs de formes diverses.
373 — Vase d'applique en blanc de Chine ; décor vannerie.
374 — Cage à grillons ajourée, turquoise, avec médaillons à personnages.
375 — Boîte carrée, décor d'émaux verts à personnages.
376 — Théière cylindrique en blanc de Chine.
378 — Cafetière, forme persane, fond jaunâtre.
378 — Anneau formé d'un dragon rehaussé d'or ; socle en bois.
379 — Porte-Bouquet formé de quatre flacons accolés, vert d'eau.
380-382 — Trois Vases, de formes et de nuances variées.
383-385 — Trois Bols en porcelaine gaufrée, à fleurs et figures.
386 — Compotier en porcelaine demi-mince, décoré de figures.
387-391 — Cinq Compotiers et Soucoupes de décors variés.
392 — Tomate sur socle en bois.
393 — Vase d'applique, fond jaune, Kien-Long.
394 — Porte-Bouquet, lotus blanc de Chine.
395 — Figurine tenant un vase vert.
396 — Coupe à couvercle, forme grappe de raisin.
397 — Petite Jardinière bleu empois ; décor d'attributs.
398-403 — Six Pièces : Assiettes, Compotiers et Soucoupes en Chine et Japon.
404-405 — Deux Chats en porcelaine flambée.
406 — Un Sceptre de mandarin fond turquoise, à arabesques en relief doré.
407 — Vase balustre haricot rouge flambé ; socle et écrin.
408 — Coupe ronde en porcelaine, coquille d'œuf blanche, gaufrée dans la pâte.
409 — Bouteille fond bronze-aventurine, décor à chiens de Fo en émaux de couleurs ; socle et écrin.

410 — Quatre petites Tasses en porcelaine coquille d'œuf gaufrée dans la pâte en blanc de Chine, écrin.

411 — Plat rond en vieux Japon ; décor bleu, rouge et or.

412 — Plat en vieux Chine ; décor à cerfs en émaux de couleurs.

413-423 — Plat, Assiettes en poterie du Japon.

424 — Plat en Chine, à fleurs en émaux roses.

425-432 — Assiettes et Soucoupes diverses en Chine.

433 — Fragment de cornet en vieux Chine.

434 — Bouteille d'applique, fond rouge.

435-448 — Bols de divers décors.

449 — Plat rond à dragons sur fond vert.

450-464 — Tasses diverses.

465 — Environ soixante-cinq petits Plateaux ou Soucoupes en porcelaine de Chine et du Japon, de décors variés.

466 — Tabouret en forme de baril, décoré en émaux de couleurs

467 — Bonbonnière en porcelaine ; décor d'arabesques en émaux de couleurs.

468 — Blanc de Chine, Vase carré à reliefs.

469 — Grande Bouteille ; décor en rouge de fer et or.

470 — Chimère en porcelaine flambée violet.

471 — Petit Vase carré, fond jaune.

472 — Jardinière émaillée rouge.

473 — Une Coupe, même nuance.

474 — Petite Bouteille émaillée brun.

475 — Plateau rond émaillé lie de vin.

477 — Petite Coupe ronde en craquelé.

477 — Assiette en Chine, décor à fleurs.

478 — Vase à poissons rouges.

479 — Bol en Boccaro.

LAQUES, BRONZES, IVOIRES
CLOISONNÉS
DE LA CHINE ET DU JAPON

480 — Boîte-Écritoire rectangulaire en bois dur, laqué or et argent, décorée d'un chien de Fo sur le couvercle.

481 — Petite Boîte carrée en laqué poudré d'or du
Japon, décorée de plantes.
482 — Petite Trousse de médecin en laque d'or
du Japon, décorée de plantes incrustées
de pierres de couleurs.
483 — Très petite Boîte carrée en laque d'or du
Japon, à fleurs.
484 — Boîte formée d'un œuf laqué, à oiseaux et
arbustes.
485 — Boîte analogue.
486 — Boîte formée d'une sorte de mandoline en
laque brun.
487 — Boîte à gants en laque d'or sur fond noir
pointillé.
488 — Boîte, forme palette, en laque d'or du
Japon.
489 — Trousse de médecin en laque d'or du
Japon, décorée d'une figure de cavalier.
490 — Boîte à charnière en écaille laquée, décorée
d'un coq.
491 — Deux petits Panneaux de boîtes laqués, à
vases et ustensiles sur fond noir.
492 — Petit Plateau rectangulaire en ivoire laqué,
à bouquet de fleurs.
493 — Boîte plate à couvercle ajouré en ivoire
laqué.
494 — Très petite Boîte carrée en ivoire laqué, à
figure agenouillée.
495 — Couvercle de boîte en bois naturel laqué
d'or, à branches de fleurs.
496 — Boîte, forme fruit, en bois sculpté.
497 — Écritoire en basalte sculptée.
498 — Garde de sabre en fer, ornée de deux écre-
visses or et argent.
499 — Une autre Garde de sabre ornée de fleurs.
500 — Manche de couteau en métal, orné d'un
singe en relief.
501 — Grattoir avec étui en argent et manche de
laque, et pinceau en ivoire.
502 — Deux petits Pistolets en métal incrusté d'or.
503 — Boîte en laque contenant quatre bâtons
d'encre de Chine.
504 — Plaque de ceinture en porcelaine, à vases
et attributs en relief émaillés en couleurs.

505 — Petit Triptyque greco-russe en cuivre émaillé.

506 — Deux petites Tasses, forme fruit, en marbre tendre.

507 — Trousse de médecin en laque d'or du Japon, ornée de figures, avec cordon garni de quatre boules en métal incrusté.

508 — Petite Boîte carrée en laque aventuriné et à branchages en relief.

509 — Boîte, forme baril hexagone, décorée de fleurs en laque d'or sur fond aventuriné.

510 — Trousse de médecin en laque à fond noir pointillé d'or, ornée de trois figures en relief.

511 — Petite Boîte en laque du Japon, forme papillon.

512-515 — Quatre Manches de couteaux en métal incrusté.

516 — Six petites Pièces en métal incrusté, appliques et ornements.

517 — Deux Pièces en métal, papillon et jonque.

518 — Petit Sceptre en émail cloisonné de Chine.

519 — Coupe ronde en ancien émail cloisonné de Chine.

520 — Pitong en cloisonné du Japon.

521 — Deux Boîtes à thé en émail cloisonné.

522 — Pitong en bronze du Japon incrusté et à reliefs.

523 — Deux petits Écrans en ivoire à branchages en relief.

524 — Petite Cage, forme pagode, en métal incrusté de la Chine.

525 — Mortier en bronze uni, sur trois pieds, têtes d'éléphant.

526 — Vase balustre en bronze de la Chine, à reliefs.

527 — Autre petit Vase en bronze de la Chine; décor à dragons en relief.

528 — Coupe en forme de feuilles, en bronze de la Chine.

529 — Deux petits Vases en émail cloisonné de la Chine, fond bleu.

530 — Vase cylindrique en bronze, à comparti-
ments à personnages en relief.
531 — Plateau en émail cloisonné.
532 — Deux petits Plateaux quadrilobés, émail
peint.
533 — Deux petites Pièces en bronze.
534 — Cabinet en laque noir de Chine, garni de
trois tiroirs à l'intérieur, avec écoinçons
et charnières en métal gravé et doré.
535 — Plusieurs Eventails sous ce numéro
536 — Grande Jardinière oblongue en bronze et
anses à trompes d'éléphant.
537 — Cantine de fumeur en laque rouge.
538 — Meuble-Etagère en laque du Japon.
539 — Panneau en laque à fond noir.
540 — Dessin chinois encadré.
541 — Plusieurs Kakémonos.
542 — Aquarelle sur soie, cortège de sauterelles.
543 — Assiette en émail peint.
544 — Bronze japonais, personnage monté sur un
buffle.
545 — Eléphant en bronze, portant un vase.
546 — Sceptre en bois sculpté.
547 — Grande Aquarelle à fleurs et oiseaux.
548 — Tapis d'Orient.
549 — Aquarelle : Jeux d'enfants.
550 — Socles et divers Objets non catalogués.

TABLEAUX, MEUBLES ANCIENS

ET

OBJETS DE CURIOSITÉ

551 — **Gibbon**. Entrée de la forêt de Compiègne.
552 — **Lansyer**. Fleurs (2 décembre, Menton).
553 — **Ecole moderne**. Paysage.
554 — **Leduc**. Marine.
555 — Gravure d'après Boilly.
556 — **Rembrandt** (D'après). Portrait de l'artiste.
557 — Deux Chiens-Dogues en regard, en bronze
ancien.

558 — Terre cuite signée A. Swicki. Buste d'en-
fant.
559 — Buste en bronze : Tête de Femme.
560 — Vitrine Louis XVI, à dessus de marbre.
561 — Secrétaire Louis XVI en acajou, à dessus
de marbre.
562 — Médaillon en terre cuite, par Nini. Buste
du comte de Vaudreuil.
563 — Table de style Louis XVI en noyer sculpté.
564 — Ameublement de chambre à coucher, de
style Louis XVI, en bois noir :
Lit.
Table de nuit.
Armoire à glace.
565 — Pouf formé de coussins superposés en
tapisserie japonaise.
566 — Un Divan et deux Fauteuils garnis de sati-
nette rouge.
567 — Divers Sièges, Fauteuils et Chaises, dont
plusieurs garnis en étoffe japonaise.
568 — Petite Pendule, style Louis XVI, en bronze.
569 — Pendule et deux Candélabres en bronze
doré, à figures d'enfants.
570 — Ameublement de salle à manger, en chêne
sculpté :
Un buffet-Dressoir.
Une Table.
Dix Chaises foncées de canne.
Ruolz, Vaisselle, Literie, Rideaux, Tapis, Meu-
bles courants, Linge et Garde-Robe, Montre en or,
Boutons de manchettes.

Vᵉ Renou, Maulde et Cock, imprs de la Cie des Commissaires-Priseurs,
rue de Rivoli, 144.   42204

www.ingramcontent.com/pod-product-compliance
Lightning Source LLC
LaVergne TN
LVHW010832180726
843502LV00009B/3537